FÜR NICHTS UND
WIEDER ALLES

Joachim Sartorius

FÜR NICHTS UND WIEDER ALLES

Gedichte

Kiepenheuer & Witsch

»Ich schaue: Alles hängt am Geiste.
Ich erkenne: Alles fährt im Geiste dahin!
Fleisch hängt an Seele,
Seele hängt an Hauch,
Hauch hängt an Glanz.«

Psalm des Valentinos

DER KATALOG VON ALEXANDRIA

für Péter Nádas

Schriftrollen gibt es hier en masse
stille Kopierarbeit vermehrt sie noch
jeder Herrscher befiehlt einen Anbau

Meisterhaft der Katalog der Bestände
vorbildlich das System der Verweise
Ordnung im Wirrwarr der Überlieferungen

In einer Halle
die Werke der Kartographen
bald werden die letzten Löwen getilgt sein

Am Ende der Großen Kolonnade Sand
ausgewählter Sand zur Diktatur der Zeit
In diesem Raum wird knapp diskutiert

Daneben der Saal der Nekrologe
Wer keinen Mund hat kann nicht schweigen
Wiedererinnerungen Streugut für Enkel

Vom vielen Aufrollen fettig sind
die Papyri über Tyrannen und Feldzüge
dicht gefolgt von Werken über die Liebeskunst

und Berichten der großen Reisenden
Die Verschlüsse dieser Rollen sind brüchig
zu oft schon wurden sie konsultiert

Doch den größten Zuspruch hat ein leerer Raum
nur ein paar Liegen und Öllampen
Alles andere kosmische Finsternis

Hier werden die Schatten aufbewahrt
in all ihren Formen schmal lang dicht
auch Halbschatten auch leerer Schein

auch *schattichte* Seelen der Verstorbenen
Nachbilder auch vom Schatten
dem *unzertrennlichen Gefährt* des Traums

Der Katalog listet dieses Gebiet nicht auf
Der Kurator hier ist ein Künstler
Spezialist für die Lichthaut ums dunkle Herz

Seine Mimik ist kontrolliert
Seine Rede genau und ziseliert
Sie macht Welttatsachen am Dunkel fest

Aus diesem Schwarz *einer Ritz*
kriecht das *Licht herein*
wie die Idee der Rettung

So viele kommen in diesen Raum
zur Erziehung des Auges
damit sie in den Schriften

die Fallen ausmachen können und die Türen
und schließlich verstehen
die leere Stelle des vollkommenen Katalogs

KRÜCKEN UND RASSELN

»Ich bin, was ich erinnere.«

Augustinus

PEINLICHE PILZE

Es gibt kein Brot an diesem Tisch.
Um diesen Tisch sitzen Dichter.
Sie sprechen in der Hustensprache,
essen peinliche Pilze, gehen frieren.

Angst nutzen sie als Trampolin.
Ihr Augenschein ist Ohrenschein.
Nacht für Nacht hören sie das Gewicht
der alten Poesie und ihrer vielen Wohnungen.

Ihre Hände waren zu voll und sind
jetzt leer. Sie wissen: Die toten Dichter
halten ihren Schmerz für zu klein,
kläglichen Kram, fast blind, verrieben

in alle Winkel der lieben Finsternis.

EINE PARTIE SCHACH

Im jahrelangen Kampf
zwischen Rittern und Rittern
bleibt nichts
       als der Mantel des Königs,
flatternd an die Enden der Welt.

In seinen Taschen Toffees
und Gedichte für Wichte.

Die Königin,
die Gebenedeite, lächelt,
als sie die Nachricht erreicht.

Sie setzt sich (nicht
für die Öffentlichkeit)
auf den glatten Schoß des Eunuchen
und schreit: Wer pflegt die Liebe ein?

DIE ERFINDUNG DER LÜGE

Im Winterhimmel
Schlieren wie gegossenes Blei.
Schlieren, großartig und beaucoup.

Dieser silbrige Himmel im Spiegel,
dem du schwörst:
»Dieser Hals ist nicht mein Hals.«

Draußen lacht man. Lügen sind
Kerker, sinkend, blinkend,
wie Erinnerungen

kehren sie wieder,
wenn auf dem Handrücken
wir unsere Adern vergleichen.

FÜR NICHTS UND WIEDER NICHTS

für Lavinia Greenlaw, die über Laika, die
erste Hündin im All, ein unvergessliches
Gedicht geschrieben hat

Fünf Geckos,
sediert und verdrahtet im All,
vier Weibchen, ein Männchen,
vergaßen in der Schwerelosigkeit
zu kopulieren (ihre einzige Aufgabe),
weil in der Kapsel das Heizungssystem ausfiel
und sie vor der ersten Regung starben.

Tot wurden sie geborgen, stocksteif.
Steif, wie es nur Echsen sein können.
Konntet ihr noch von den Fruchtfliegen naschen?
Auf den Sternenstaub hören?
Eurer Angst vertrauen?
Blieb überhaupt Zeit dazu?

SPRACHLEUCHTEN

Der Himmel ist leer. Ist schwarz.
Hinter dem Schwarz eine Billion Watt.
Die Lichtlöcher im Tuch sind Sterne.

Von vorn beleuchtet Sprache die Dinge,
jetzt und immer. Nichts desto
ist der Himmel aber, wie er ist.

Ist die Sprache, wie sie ist.
Die Sofortbilder kommen später.
Ihre Belichtung die halbe Liebe.

GEDICHT DES PARMENIDES

Was ist? Diese Frage ist schon alles.
Was ist Licht, was Erde, Wasser, Fluss?
Mit diesen Fragen, dieser Frage schlug ich
mich herum. Es gab Nebenwege.

Einen Zaun, hinter dem Erde und Fluss
wieder anfingen. Der Wein half nicht.
Oft irrte der Kataster. Die Nägel
gingen aus. Nichts blieb haften,

nichts blieb stehen. Vielleicht gab es
zu viele Ablenkungen: das Gewand
der Frau, der Flaum des Epheben,
der Hüftschwung der braunen Amphoren.

Fließt alles? Alles fließt. Da sprach ich
vom Leben. Und jetzt, da ich alt bin:
Alles stirbt. Sätze aufzustellen ohne
Widerspruch: scheußliches Schicksal.

TRUGBILDER

Ich glaube nicht an Nachrichten.
Vielleicht ist Fließen Schönheit,
die sich nicht kennt und die erlischt,
wenn ich mit blinder Kehle sterbe.

Die wilden Hunde fressen die Toten.
Dann werfen sie sich selbst in den Fluss.
Ein Fluss ist wie der andere Fluss.
Sie tragen unsere Reste, Trugbilder, davon.

FRUCHTFLEISCH

Zuerst sterben die Augen, dann die Hand
in diesem Sommerherbst, dann der übrige Körper.
An der linken Hüfte nun tiefere Muskellagen,
feinkörnige Schichten, papierähnlich.
Darüber die eingesunkene Brust,
darüber ein Zimmervoll Zähne.

Ruinös alles, Dreck und Skelett.
Aber die Haut zart noch, wie Blütenblatt von
                                    Mohn.
Nur nicht der Sonne aussetzen, den Schirm
aufspannen, plötzlich besorgt.

Dreizehn Granatäpfel rollen auf dich zu.
Warum auch nicht? Wir wollen Fruchtfleisch,
Rubine, die ganze Fülle vor dem Stoßgebet.

GROSS GENUG, ALT GENUG

Wenn im Holunder die Glühwürmchen
sich öffnen und schließen, folge diesem Licht,
folge der mit kleinen Sternen verkrusteten Nacht,
unserem einzigen Himmel, folge dem Flackern.
Die Erde ist alt genug, dass man nicht schreien muss.

Nervöses Licht auf den Stufen,
ein Leuchtturm ist dieser Glühwurm, folge seinem
Geflacker, er taumelt, er weiß wohin. Kaum
hat er die glänzenden Flügel aus dem Etui
gezogen, die blaue, laue Luft empfangen,

sich aufgewölbt, sind die Blätter schon hart,
ist er schon angezählt. Drei Nächte, falls kein
Regen kommt. Alt genug jetzt, sendet er dir
sein Licht. Stolpere nach. Schon tanzt, Rauchlocke
über dem schwarzen Waldsaum, dein Alter heran.

Sicellino, Juni 2010

UNTER DEM NUSSBAUM VON MAZAN

in memoriam Hugo Claus

Bronzene Schulter und Erinnerung,
geschreddert vom Gekreisch der Zikaden.
Der Himmel verschleiert sich und kündigt
den Mistral an. Die schlanken Zypressen
spreizen kleine grüne Finger ab, der Topf
rollt in den Pool, in dem Wespen ertrinken.
Zwischen zwei Lidschlägen Gesirr im Ohr,
Stille, dann Zikaden: Schri-ka, schri-ka.

Geschrei wie Goldmünzen auf blauem Samt.
Wo sind wir? Welche Haut umgibt uns?
Der Dichter lächelt, sein Auge eine grüne Münze.
Wir sind im Hier, wollen keine Zukunft,
keinen Tod. So behäbig wie der Ventoux,
wie das Muster des Grases, wie die Bronze
der Schulter. Ah, die ausgelassene Sprache!
Ausgelassen trinken wir auf dich, Dichter!

Eidechsenkindheit und Nasse-Hühner-Kindheit.
Hinten in Flandern war es feucht. Wichte und
Kneipen und Frauen. Du spieltest die Flöte,
Marsyas. Wir tauschten uns aus,
Wort und Haut und gebrochener Reim:
das Unfertige. Unfügsam, ungestüm und
doch zärtlich dein Strich. Le devant, le derrière.
Kostbar hüte ich deinen Aufschlag, deinen Blick.

DAS ZIMMER MEINER VERGANGENHEIT

Die Vorhänge sind dünn, wie aus Staub.
Der Spiegel kann fünf Personen fassen,
ich bin in ihm allein.
Aus weißem Stuck.
Die Toten sind immer verspätet,
meinte meine Mutter.

Ein Bestattungsinstitut für ein Klavier
könnte einer, der unvermutet
hereinkommt, meinen.
Der Deckel des Steinway ist aufgeschlagen,
seit ich mich erinnern kann.
Die Magnolien blühen,
seit ich mich erinnern kann,
in dieser hässlichen Vase,
Rauchglas, Murano.

Man muss, meinte mein Vater,
auf Verzweiflung verzichten können.
Erst werden den Erinnerungen
die Farben geraubt, dann den Augen.
Graue Kugeln jetzt, pop-corn gris.
Die Fliegen umkreisen sie, so laut,
dass Worte überflüssig werden.

SCHERZO IM ALTERSHEIM

Hier im Festsaal ist das Gewicht
der alten Stadt am größten.
Das Arthritis-Quartett spielt auf.
Der hat noch Mut in der Hose.
Der nutzt die Bratsche für seine Not.
Die verwechselt C-Dur mit Düsternis.
Weißes Haar, so weit das trübe Auge
reicht, mit akkuratem blauem Schimmer,
der an Töne sich zu schmiegen weiß.
Das Artemis-Quartett spielt auf.

Adern kräuseln sich, dünne Luftwurzeln,
die nicht die Haut mehr fassen können.
Gibt es das? Versunkenheit und Unrast
zugleich? Fest steht, eine Rodung hat
stattgefunden. Alles Kräftige, Gerade
entfernt. Nur noch Schläfentäler,
kurz von Musik beseelt.
Nur noch Personal,
untergebracht in ihrer letzten Welt.
»Macht uns grau, macht uns süß!«

»Nehmt Tage für Nichtnächte!« Denn:
Nachts gucken sie DVDs und verbringen Zeit
mit Horst Buchholz und Simone Signoret,
als gäbe es gar nicht so etwas wie Tod.
Nur einer matt. Er trauert um sein Feuer.

Andere, so ist der Ort, setzen sich
neben ihre Einsamkeit. Erst jetzt wird
Schmerz zum Grundriss ihres Lebens.
Der Zug fährt weiter. Endet er dort?
Im mühsamen Niemals, im Nie?

BESUCH BEI EINER VERBANNTEN DICHTERIN

in memoriam Ilse Blumenthal-Weiss

Es gibt Bücher, ein Päckchen Briefe,
Fotos: eine Frau, die es nicht mehr gibt.

Lange war sie alt und noch da,
ihre Wohnung in Jackson Heights, Brooklyn,
gegenüber von Manhattan. Von Manhattan
kam ich mit der Subway sie besuchen.
Ihre Augen waren voll von ihrer Geschichte.
Das alte Gesicht verriet, wie schön sie gewesen war,
wie liebesdurstig sie noch war. Damals
in Berlin wollte sie Dichterin werden. Jetzt
war sie alt und schön, bald tot. Ernsthaft,
aber tot, klug, aber tot, bitter, aber nicht mehr da.

In dieser Wohnung in Jackson Heights, Brooklyn,
erzählte sie mir von Deutschland.
Sie nannte es »mein Einstland«.
Sie erzählte von ihren Begegnungen
mit Else Lasker-Schüler (in Berlin),
mit Leo Baeck (im KZ Theresienstadt),
mit Nelly Sachs (in Stockholm),
mit Martin Buber (in Luzern und Jerusalem).
Nelly Sachs, die Freundin, zärtlich »Li« genannt,
war »leidgezeichnet«, so ihr Wort, wie das eigene
                              Leben,

und doch auch Heiterkeit, ein tiefes Lächeln,
Koketterie bei Sahnekuchen und Widmungen
in dem mit Büchern, Papieren, Blumen
                              vollgestopften Zimmer.
Es war ihr gelungen, von Berlin
nach Holland zu flüchten. Dort wurde sie erfasst
und eingeliefert in das Lager Westerbork,
von dort im Güterwagen nach Theresienstadt.
Nach der Befreiung (die wenigsten wurden
                              »befreit«)
ging sie nach London und nahm Tochter Miriam
mit auf die Queen Elizabeth bis nach New York,
das immer Fremde blieb.

Lange mied sie Deutschland.
In einem Gedicht nannte sie Deutschland
»das Nie-mehr-Heimatland«. Einmal im Jahr,
im Sommer, ging sie in die Schweiz
und schaute auf die Berge, die Schneefilamente,
als seien sie die Ausläufer ihres schweren Herzens.
Hinter den hohen weißen Pässen war Deutschland.
Sie war schon alt, verzeihend und nicht verzeihend,
von schöner, vortrefflicher Gebrechlichkeit.
Spät entschloss sie sich, weiterhin das Einstland,
aber nicht mehr die deutschen Freunde
                              auszulassen.
Sie wurde zu Lesungen nach Mainz und Darmstadt
                              geladen.
Ihre Gedichtbände erschienen in der Sprache,
die – anders als das Land – die ihre blieb.
Zwischen »Gesicht und Maske«, dem Erstling,

im Horen-Verlag in Berlin-Grunewald 1929
erschienen,
und dem ersten Band nach der Flucht in die USA,
»Das Schlüsselwunder«, liegt ein Vierteljahr-
hundert.
In dem ersten Band ging sie, die junge Frau
aus großbürgerlichem Haus, Benn verpflichtet,
Hochrisiken ein. Zuhälter, Dirnen sind das
Personal.
»Heilt doch keine Abstinenz: / Dirne, zähle die
Frequenz«,
heißt es, mit einem damals noch unerhörten Reim.
Und in einem Liebesgedicht: »Wie habe ich mich
abgesucht /
Nach Dir.« Dann der Bruch, ein langes
Verstummen.
In den neuen Versen benennt sie das Unrecht.
Nichts vergessend und nichts aufgebend: »Was
mir gehört / Ist das erloschene Licht, / Der Klumpen
Eis / Vor Haus- und Zimmertür.« Sie hörte
in der Stille ihres Zimmers in Jackson Heights
den Schritt der Schergen, die Schreie aus dem Lager.

Dieses Mietshaus in Jackson Heights ist ihre
Zufluchtsstätte.
Ein Wasserbehälter, wie ein Rundzelt von
Dschingis-Khan,
sitzt auf dem Dach. Kein Sturm kann es wegtragen.
Im Hof ist freundlicher, grauer Beton, glatt gefegt
für Kinder und alte Leute wie sie. Einmal am Tag
kommt die Post. Briefe, die sie schreibt, gehen

in Länder, die sie jetzt nicht mehr bereist,
in denen sie willkommen wäre.
Ihre Wohnung hat nur eine Tür. Diese Tür
hat vier Riegel. Sie will nicht fliehen. Sie will hier,
ausgedichtet, langsam ausatmen, ausgehen.

Ein letztes Mal aus Manhattan mit der Subway
kommend, besuchte ich sie im März.
Frühlingsschnee lag im Hof, Spuren der Bewohner.
Ein Klumpen Eis aus zusammengeschobenem
                                    Schnee.
Wir haben jetzt ihre Worte, zu Gesicht
bekommen wir sie nicht mehr.

SEEBECK

Ein Zyklus

ZWISCHEN VIELITZ UND LINDOW

Ein Dorf wie jedes andere hier.
Ein Straßendorf und eine Kirche,
zu groß für den Glauben und die Scheunen.
Die Bauern, Sekte abstruser Melancholiker,
treffen sich im »Tonkrug« und jammern,
dass die Zeit, die angehaltene, wieder fließt.

Die Häuser sind aufgefrischt. Porzellanhunde,
Glasziegeln, jede Menge schäbiger Verzierung.
Die wolligen Schafe verteilen sich übers Gefild.
Schenkt Ruhe dieses Fehlen aller Pracht?
Arm war hier alles, die Ähren für den Herrn.
Dann Diktatur, dann Todesmarsch. Verheilt?

Ich möchte drüben an den anderen Tischen
sitzen, am Wasser, das die Blasen wirft,
den Fisch am Hals und Wolkengriff am Bauch.
Ein Fest, ja, und blonde Nackenlinien und
so viele Generationen, samt Daisy, Otto
und Enkeln, vor dem Rauch des Grills.

Sorgsam verteilen die Bauern ihren Dung.
Angespannt die Furchen, die vielen Steine,
der vielere Sand. Ein Haselnusswirbel.
Maishaar, wehend. Ein frecher Hochsitz.
Wir trinken Wein in schweren Botteln
und kümmern uns um keinen Weg retour.

DIE EICHE

Die Erde wird deine Wurzeln lieben
wird sie wiegen sie fragen wohin
wohin wachst ihr wohin wächst der Baum

Dieser Monarch des Dorfes –
dessen Blätter sich langsam bewegen
und genau wie ein grünes Meer

Der Himmel so dunkel und
blau wird er
blau im Geprassel der braunen Eicheln

Vor hundert Jahren eine Eichel in dieser Erde
Zwei drei Blätter ein Schössling und jetzt
der Riese der nicht sterben darf

DER WEGE SIND DA VIELE

Die alten Wege,
ihre mispelbeschwerten Eschen,
scheiden Licht und Dämmer.

Im Augenwinkel, Wolkenstrom,
sitzt ein Vogel, klein,
mit flutendem Gefieder.

Felderstrom, flutend
zu Sternenbildern,
die noch nicht punkten.

Dann weiße perforierte Löcher:
Zeichnung vom Großen Zeh.
Unbeschwert wächst er

In deinen Mund, meisterhaft
die Krümmung
und das ovale Schild!

Draußen ein klares Kräuseln
auf dem Wasser. Fahl hebt sich
das Boot aus braunem Wasserkleid.

Wenn Leuchtkäfer ein paar Sterne
durcheinanderbringen,
sind der Wege viele.

IN SEEBECK

Aus Kieseln machten wir den Weg.
Abends ein Feuer, Tisch und Stuhl.
Wir fügten den Fremden hinzu.
Das waren wir, unsere Nacktheit

nach dem Bad, im braunen Licht.
Ein Tropfen Wein auf der Lippe des Krugs,
der zitterte, fiel und nicht fiel.
So waren wir durchaus froh.

Wir lernten fragen wie ein Kind.
Womit atmet der Grashalm?
Was sieht ein Facettenauge?
Warum so viel Pelz auf dem Flügel?

Der Fremde stand auf und gab Antwort:
Ich bin nicht ratlos, und das Leben ist,
wenn ich es will, schön, wie ich es will.
Der Krug machte die Runde bis zu ihm.

DIE KOPPEL

Die Pferde nehmen den Wind
zwischen die Beine
und fegen davon,
ihre Rücken braune Diamantdecken,
durch die Strom läuft und zittert,
so wie der Teich zittert, flüssiges
Quecksilber mit Rinnsalen hinein
in die grünste, fetteste Weide.

Die Pferde glänzen vor dem Waldsaum,
seinen reglosen grünen Vorhängen,
bis der Wind auch dort zu wühlen beginnt.
Nichts hatten wir in der Schule
über die Besonderheiten der Pferde gelernt.
Jetzt klauben sie
mit gelben Zähnen Karotten
aus unserem flachen Handballen.

Am Zaun drei blonde und graue Rehe.
Die Landschaft wird unergründlicher.
Die Wiese wird der unruhige Schlaf
der Wiese. Aus der alten Obstplantage
winken graugelb die Äpfel herüber,
klein, faltig, zerstochen, zerpickt.
Aber mit ihren Schritten fügen die Pferde
der Wiese neue Wiesen hinzu.

ENDE AUGUST

Die Nebellandschaft schmeckt trübe
So viel Regen heute
Vom Wasserrost platzen die Tomaten auf
Die Leichtigkeit von Blüten
inmitten fallender Blüten
wir geben diesem Fallen den Grund nicht zu blühen
wir entnehmen dem Dach eine Harfe
einen nassen Storch
schwer von Regen von Regen schwer
aber die Gastgeberin leuchtet
breitet ihre Arme aus
schon lodert das Feuer und wir sind
Kinder und Hunde und Freunde und froh

HERBST IN SEEBECK

In den Schärfen des Restlichts
die genaue Wespe.
Am grünen Stängel entlang
schwirrt sie zum Aug,
verrückt vom Einbruch der Kälte
rotieren die Fühler.
Ein fernes Klanggitter,
es ist gewittrig.
Der Wind schlägt die Ähren aus,
die Spindeln brechen ab,
totreifes Getreide.

JEDEN ABEND

Jeden Abend die große Beruhigung der Natur
der Himmel klart auf ein letztes Strahlen
die Eiche ein japanischer Caspar David

überirdische Stille der See ruht
Holunderduft von drüben Stille Ruhe
und doch überall um dich herum

ist Erregung
beseelt die einfachsten Dinge
dich Abgekühlten auch

WINTER

So war es in der Zeit
des ersten Waldes
die Beine rollten hinter das Moos
das seither glitzert
im Schnee der Sonne

auf der Höhe von Stolpe
schliefen sie immer ein
dann die Anarchie der Stille
die kleinen Tiere
im Wald

der See eine weiße Fläche
vor dem Scherenschnitt des Schilfs

EPILOG

So sehr ich tanzte und so wild ich sang
der Baum veränderte sich nicht

ALLES WAR EINE REISE

SIRACUSA

Unter dem schwarz quellenden Wasser,
Arethusa, habe ich dich gesehen,
deine Haut weißer als Ricotta
und fest wie eine unreife Traube.

Dann deckten Schwingen und Schilf dich zu.
Ich hatte hinter den Luftwurzeln gelauert,
am Ende der langen, leeren Allee, auf dich.
Beim Meer, unvermischt mit der Quelle.

Der Flussgott ist abgeschlagen, alles
im Sommerschlaf, unter dunkelsten Vorsprüngen.
Doch überall, wo es dunkel ist, steht
geschrieben, dass ich, Arethusa, dich suche.

Nachts seh ich die Leute stehen in den Cafés.
Ich gebe nicht auf. Sie halten mich für einen
Verrückten, wenn ich rufe: Habt kein Erbarmen
mit dieser Geschichte der Liebe von zwei Flüssen.

AUF DER TERRASSE, PIAZZA DEL PRECURSORE

für (und nach) Vincenzo Consolo

Vor uns das Meer, so hoch wie unsere Augen,
Fischerboote im leichten Seegang, morgen wird es
Sardinen geben, Rotbarsch und den großen
                         Schwertfisch.
Er, nur er wird auf dem Markt zwei Nelken in den
                         Augen haben,
mit Zitronenmelisse gefüllt das Maul, die Kiemen
                         mit Basilikum,
und der Händler wird schneiden, oho – ho!, mit
                         dem breiten Messer
den Schwertfisch schneiden, bis nur noch Kopf
                         und Schwert
mit dem blutigen Haken übrig bleiben. Dabei
                         denke ich
an die roten Raketen, die gestern bei der Hochzeit
in San Giovannello in den Himmel geschossen
                         wurden
und ins Meer fielen, brutzelnd wie Fische,
                         brutzelnd
wie der Schwertfisch in unserer Küche – morgen.

Morgen, beim Gelage und den Düften von Myrrhe
                         und Melisse,
werden wir an Mytilene denken, gegenüber
                         Kleinasiens Küste,

die alte Hauptstadt von Lesbos. Stimmt es, was
                                    Cicero sagte,
dass eine Statue von Sappho in der Stadthalle von
                                    Syrakus
errichtet wurde? Aus Marmor? Wenig ist gewiss,
                                    die Fragmente
sind nicht zu ergänzen, die Stimmen von den
                                    Booten in Stücken.

RASCHELN, STILLE

Großer Mittag. Stille auf dem Domplatz.
Kein Unterschied zwischen Göttin und Tempel.

Silbenlos taucht Arethusas Zunge
in das gefügige Wasser. Das Schilf

verdeckt den Aufprall der Küsse.
Wiederholung von Schilf, von Stille.

Wir kommen durch unter dem Licht.
Weil wankelmütig und leugnend,

was geschehen ist: dass ihr Mund
die Schulter des Flussgottes berührte.

Jetzt sind die Gesichter gerissen,
Leerzeichen in den Text gerückt.

Wir sollen sieche Bienen im Lavendel jagen
und diese Löcher mit der Zunge fühlen.

KURZ NACH CATANIA

die gelbe Agip-Tankstelle
dahinter Mist Maquis Melisse
dahinter die See
aufsteigend mit Zitronenschiffen

der Verrückte an der Tonne
färbt sich mit dem Gelb des Ginsters
gelb das ganze Gesicht bis
ginstergelber Schein im Aug

die Sonne auf ihm
ruft mich in Echsenhaut
überdeutlich mein Schwanz
spitz dünn keine Schnittmenge

zwischen Meer und Stein
auch wenn aus der Gischt
des Sommerkamins
ein Lichtgemansche quillt

das Geräusch der Klimaanlagen
der wartenden Busse

NIKOSIA

Es war nur der Ort, an dem du zu viele Jahre
verbracht hast, aber es spielte jetzt keine Rolle,
dieser sengende Mittag, der Staub in den Ohren,
du warst auf dem Weg, Musik zu kaufen
oder der Liebe zum Wohlstand zu verhelfen.

Ein Kreis öffnete sich weit um dich herum.
Ein Stern aus Venedig umschloss die steinerne Stadt.
Das Meer umschloss ein Blütenmeer.
Ihre Knie, in der Tür, waren gerollte Tabakblätter,
braun und frisch und – aber gibt es überhaupt
Worte dafür? – für das Innere und seine Wärme?

Du achtetest darauf, im Schatten zu gehen.
Der Abend überraschte dich wieder,
mit Geranien, den Rosen der Armen, wie es heißt,
und den violett gezackten Bergen hinter der Grenze.
Warum nur dieses Elend mit der Erinnerung?

FERRAGOSTO

Das Café in der Kurve ist geschlossen.
Wir legen uns hin, mitten auf den Platz,
und rauschen uns aus.
Blicken hinauf in Grün und Gelb.
Nur den Ratten des Feldes geht es besser.
Nur die Erinnerungen sind jünger als wir.

Eine gelbe Wolke in einem grünen Himmel.
Das ist doch selten. Hat sie alles angehalten,
ganz Panzano still wie ein ausgetrockneter See?
Wir tasten nach der Flasche im Rucksack.
Sie ist noch da, und die Nacht ist noch Tag.

NIE IN GHANA

Ich habe Afrika nicht erkannt.
Dieses gelbe Schild mit kranken grünen Flecken
in einem schwarzen Matsch
sollte Afrika sein?
Die Nase des Flugzeugs senkte sich.
Waren wir schon da? Das Schild verschwand.
Stattdessen rückte die Sahelzone näher.
Dieses Schwarzwasser hatte tiefblaue Ränder,
wie die Strümpfe der Stewardess, blaue Seide,
zwei lange Träume aus vergeblicher Ruhe.
Angekommen, reihte ich mich in die Schlange ein.
Ich klapperte. Die Ruhe war dahin.
Ich zertrat die Gitter aus Plexiglas,
hinterließ die Rillen meiner Pfoten.
Ich freute mich auf nichts.
War das Afrika? Die Schatten und die Gerüche,
starke, scharfe, sprachen zu mir: Du bist da,
ob du willst oder nicht. Der Heuschreckenbauch
war gelb, indigo der Nacken des Gepäckträgers,
die Trommel am Hoteleingang hohl. Nicht
                    du bist da.
Nicht du sprichst Ewe. Adan und Ewe sind dort,
an der Spitze der Spitze der Verlassenheit.

PASTICHE CHINOIS

Die Türen gehen von alleine auf.
Überall bevorzugte Behandlung.
Vielleicht weil alles im Vagen bleibt.
Ist es Kalligraphie oder Graffiti?

Zwei Minuten pro Bild. Warum nicht.
Zwei Augen, zwei Minuten.
In den Augen der Nudeln tanzen Engel.
Gläsern, gedünstet, prächtig.

Zu uns spricht der Kaiser von China.
Brecht die Glückskekse auf.
Alles ist Spiegel und Rauch.
Zwei Minuten, drei weiße Affen.

Eure Augen schwirrten durch das Leben.
Jetzt sind sie alte graue Zikaden.
Kommt. Meine Wohnungen sind lieblich.
In ihnen verzweigt sich der Mond.

PRASSEN IN YANGZHOU

Jede Nacht Feuerwerke.
Wir sind in China.
Mo Fu fragt seinen Freund in Yangzhou,
auf welcher der vierundzwanzig
mondbeschienenen Brücken
er das Jademädchen
Flöte spielen lehrt.

Wir hingegen prassen.
Zum Reisschnaps vertilgen wir Flussdelphin.
Sein Blut ist giftig.
Die fürsorglichen Gastgeber
haben fünfzig Mädchen bestellt.
Mit ihren Fuji-Kameras warten sie geduldig,
um unsere letzten Zuckungen festzuhalten.

Später, bei der Bestattung,
werden die sieben Öffnungen unseres Körpers
mit Zikaden aus Onyx versiegelt.
So können die Lebenssäfte
nicht aus unserem Leichnam quillen.
Im nächsten Leben wachen wir auf
im leichten Dunst der Blütendolden.

PASTORHÉGY
(Sommerbild)

das Summen im blühenden Pavlova-Baum
kaum aushaltbar
unsere Augen reißen die Ohren auf
die Welt steht im Grün
das Wort steht im Summen
das Wort will aus deinem grünen Mund
zum Bienengestöber, will
dick sein, dick, dick geschwollen
so einsam und so widerlich lebendig
wie im Gelände dieser Baum

TSCHERKASSY

Vor dem Hotelfenster der Dnjepr,
ein Meer mit weißen Sandbänken.
          Im Hotelzimmer
über akkurat durchgeschlagenen Kissen
eine Birkenallee im Winter, in Öl,
wie ich sie heute hundertmal gesehen habe,
ohne zu ermüden,
in einem flachen, rückständigen Land,
von Kriegen heimgesucht, friedlich heute,
von einer Stille, die die Sprache der Frösche
und der Störche noch stiller macht.

Keine Schiffe auf dem Dnjepr. Ich
führe so gerne hinunter nach Odessa,
wo es fröhlich ist, pontisch hell,
mit Frauen und anderen Alleen
und irrenden Wolken, spiritblau.

HÜZÜN IN ISTANBUL

Ich habe nicht die Absicht zu reisen, sagte mir
ein Dichter, aber wenn ich reiste,
dann würde ich mitten im Winter fahren,
ich würde direkt nach Istanbul fahren,
ich würde nach Pera fahren
und dort zur geschäftigsten Kreuzung,
Istiklal Caddesi Ecke Galatasaray.
Und was sähe ich da? Ich wäre erstaunt.
Ein Schneeflockentreiben, selten ist das,
nicht viele Menschen auf den Straßen,
                      ungewöhnlich auch das,
vielleicht sind die Menschen in den Straßen-
                      bahnen
und frieren in der Nr. 19, die von Eminönü
                      heraufkommt,
und in der Nr. 16, die nach Maçka rattert.
Auch der zwischen den Trams eingeklemmte
                      Polizist friert.
Die grauen Mietshäuser sehen dunkel aus.
Die Leuchtreklamen sind ausgeknipst.
Aber es ist ja auch Tag. Sehr grauer Tag.
Die Häuser kehren ihre Melancholie
                      nach außen.
Nach ihr, sagt der Dichter, nach Hüzün
suchte ich, würde ich fahren.
Der Dichter lächelt vor sich hin.

55

Die Leute in den Straßenbahnen halten ihn für
verrückt.

*(auf eine Fotografie von Ara Güler: »Turning the corner
at Galatasaray on a snowy day«, 1960)*

SONNE AUF DER GLASUR

für Kurt Drawert

Sie kleben eng aneinander, bedecken die ganze
                    Wand,
die große östliche Wand der Rüstem-Paşa-Camii,
Ornamente, Fragmente, floral und nicht,
                    Kacheln
aus Iznik, aus Kütahya, unterschiedlichste
                    Farbvaleurs:
hellblau, blaudunkel auf Weiß, weiße Rosetten, rot-
                    rot und blau.
Wir brauchen ein Chiragon, das Lesegerät der
                    Blinden,
um zu verstehen, wie ingeniös gefügt dieses
                    Potpourri ist.
In der Nähe der Mitte, nicht die Mitte, aber doch
                    die Mitte
werdend, eine Kachel mit der schwarzen Kaaba,
                    einzige Figuration.
Spielzeugstadt. Der Platz fällt über das Schwarz.
Von allen Seiten deuten Minarette, spitze Nadeln,
                    auf den schwarzen Kubus.
Das Licht, weil ungebündelt, schafft nichts als
                    Helligkeit,
hellen Film auf Glasur. Widergespiegelte Sonne.
Meine Retina knistert. Hat die Wand Pupillen?
Folgen die Augen dem Köcher? Sonne. Sonne auf
                    der Glasur.

Bin ich Tunesier? Der Fellache aus Fort-Sud?
Fügen die Kacheln den Traum der afrikanischen
Jahre?
Rispe, Kelch, Speer: Fern immer wollte ich sein.
Draußen, zwischen dem Strich der Braue und dem
Strich des Lids,
versperren monumentale Sarkophage den Weg
zum Wasser.

ALEXANDRIA ZUALLERLETZT

Wann ist Vergangenheit vollendet?
Wenn der Handel mit alten Fotografien
ein Ende nimmt? Wenn Gedichte aufhören,
Geschichte mit ihrem Eigensinn zu färben?
Wenn nichts mehr bewiesen werden kann?

Im großen Lärm von Markt und Jagd
haben die neuen Einwohner der Stadt vergessen,
dass es hier einen Dichter gab und einen
                                    Rotkreuzoffizier
auf dem Weg nach Indien, der Alexandria beschrieb
für jene, die ihre Geschichte ignorieren.

Wie ihr Gründer hat die Stadt
nie das eigene Gesicht gesehen. Nur den Sturz.
Die Spuren dieses Sturzes sicherten Gedichte,
die sich auf modrigen Feigen halten, wie Tau.
Wir müssen das Fleisch dieser Früchte kauen.

Wir müssen uns eine braune »Cleopatra«
                                    anzünden.
Nicht viel ist hier. Was war, hat das Meer
                                    begraben.
Die »Nadeln« der Königin stehen in London und
                                    New York.
Pizza Hut und KFC haben den Platz der Bars
genommen, in denen der Dichter verkehrte

und durch verlotterte Griechenländer marschierte.
Wir trösten uns mit Katalogen aus dem Regal.
Auf blanken Silbermünzen die Profile all jener,
welche kamen, eroberten und fielen.
Eitel, entzündbar, gewalttätig für die Stadt.

ARABIEN AN SICH

»Nicht alles am Krokodil ist hart. Seine Lungen
sind schwammig, und am Ufer träumt es.«

Henri Michaux, Tranches de Savoir

»Alexandria often turns up in my thoughts and
occasionally in the flesh.«

*E. M. Forster in einem Brief vom 13. August 1919
an Konstantin Kavafis*

ABER ERINNERUNGEN GIBT ES. FÜR K.

Es war in der fünften Jahreszeit,
im dreizehnten Monat.

Das Krokodil in Binden gewickelt
im Museum in Alexandria.
Und das Licht so grell,
schwarze Schneeflocken auf der Tatze:
die Tilgspur der Zeit.
Gelassenheit, Gelassenheit.

Und so grell das Licht,
dass seine Augen am Gitter
des Holzbetts sich entlangfräsen
zum Nimmermeer, zum flachen Wasser
mit den breiten braunen Lurchen.

IN DER ART DES ABU NAWAS

Die Sommersterne finden ihre Lichtung
im Himmel. Sie leuchten auf die Weinkrüge
herab, ihren Turban aus feuchtem Lehm.

Der Wein weckt das Jagdherz. Er verspricht
Hügel und Wild. Trink, sagt er, koste, denn
vom erinnerten Leben bleibt nichts als die Frische

einzelner Sinne. Der Duft der aufgeschlagenen
                                    Mandel.
Das Klingeln der Silberkette an deinem Kinn.
Das Licht, grün und sanft, in den Gärten von Basra.

Trinken wir auf die vergangenen, die schönen Tage!
Auf den Dünenkamm, weißer als weiß, weißer als
die Seite? Erinnerst du meine Worte auf der Seite?

Und den Papagei, röter als rot, neben dem Turban?
Röter als Blut? Erinnerst du das Blut? Erinnerst du
die Zikaden, die sich in uns zu langem Tode zirpten?

FILM IN BISKRA

Der Vorführer. Der Verführer.
Es gab eine Frau und zwei Männer.
Es gab Bierflaschen, die am Hals
abgebrochen wurden.

Die Blutspuren im Sand erinnern
an Hennatupfen im Fell des Fennek.
Zerschlissene Vorhänge, aber
wir sind auf der Terrasse
über den weißen Bögen.
Der Film ist ein Gedicht an die Schnelligkeit,
den schnellen Dreh: Wiener Walzer.

Die Beduinen verstehen nichts.
Macht euch mal keine Sorgen
um unser Begehren.
Das Rattern des Apparats und der Dreh.
Sie lachen befremdet, bekifft
über diesen einen angedeuteten Kuss
unter dem Lüster,
poliert vom Sehnen und vom Vergessen,
groß wie ihre Lust.

THE OPERA OF THE ORIENT

Oh Mann, Labien aus Arabien!
Nick Cave

Es war einmal ein rotes Zelt
in einem roten Zelt in einem roten Zelt.
Einfach war sie, die Losung für die Zelte:
Scheinbar ist Süßigkeit, scheinbar Bitterkeit.
Im Innersten tritt auf die Königin.
Geschmeide um Hals und Leib. Im Schamhaar
Körner, nach denen Pfauen rastlos picken.
Los lässt sie das fabelhafte Tier,
ihr redseliges Geschlecht. Der irre Mann
facht in der Vulva vergebens Feuer an.
Er kann das Schloss des Auges nicht finden.

Ist das Passwort falsch, fallen aus dem
                              Schnürboden,
kahl gestreichelt, weiße Tiere. Dazu
die gepresste Stimme des Sängers der Suren:
So viel erstickte Begierde. Unter dem Damast
Requisiten, Knaben, die sich die Propheten
nahmen. Eine Mondin der Finsternis steigt empor
die Königin, Gestirn mit einem Loch in der Mitte.
Für sie bindet der Gärtner Dornen mit Musik.
Es glüht die Rosenheit. Es glüht die Königin.

Rotes Haar, böses Haar. Doch kein Theaterbrand.
Das rote Zelt lässt sich in große Stücke schneiden.

Wozu noch Kantilenen? Die Zelte haben
ihr eigenes Wetter, ihre eigenen Wolken,
ihre eigenen Zierworte. Der Gärtner tanzt, pflanzt
und tanzt, erschöpft von seiner Jagd nach Liebe,
schon jetzt kostbare Erinnerung. An eine jetzt
schon erloschene Sprache? An einen Schamgürtel
von der Farbe der Hyäne? An eine Auster,
                               dort unten
mit Glitzerspray fixiert? An diese Perle, endlich
erlöst, wenn endlich Timurs Hand sich löst?
Das ist das Spiel: die Liebe zur Entsagung lernen,
ihr applaudieren, koste es Glut und Sinn. Denn:

Scheinbar ist Farbe, scheinbar Süßigkeit,
scheinbar Bitterkeit, wirklich nur Atome und Leere.

IM ARMENHAUS VON TANGER

In den Fensterecken Wespennester,
die mühsam verdorren. Mottenlöcher

im ausgebleichten Fez. Sie kacken
unters Bett, haben Katzen in der Brust:

Das rasselnde Klappern der alten Körper.
Gegen Nesselsucht im Tälergewirr des Leibs

sind die Salben immun. So heiß. Sie legen
sich auf den Betonboden. Minze im Maul

wie die flachen Fische auf dem Markt,
legen sich zu den feinsten Rissen, gelb

wie der Lehm im Dorf der Kindheit. Alles
gehorcht dem Staub, der Armut, der Spur

des dürren, trockenen, verächtlichen Lebens
aus Kummer und Schweiß, und bald versteinert.

SAHARA, POSTKARTE, TECHNICOLOR, 1952

Es ist eine nicht ganz saubere Ansichtskarte.
Aber der Himmel ist sauber und schrecklich blau.
Im Kreis der Sanddüne sitzt
eine Beduinin, eine Berberfrau,
wie die Touristen sich solches vorstellen.
Fließendes Gewand, schwere silberne Agraffen.
Ihr gegenüber der tumbe Mann,
dem sie das Glück liest. Drehte er sie um
und verrutschte ihr Gürtel, sähe er im scharfen Licht
ein Grübchen und im Schatten kein zweites.
Der Knick läuft hoch von ihrem Fuß
zum Himmel, winzige Absplitterungen
rechts und links im Sand, in ihrem Haar.
»Du«, sagt sie, »der du den Abschied liebst,
bist geblieben. Wieso?« Mit blöder Miene hebt er
den braunen Finger zu ihren kolorierten Augen.
Die Postkarte verrät nicht viel, nur dass das Leben,
auch angefasst, das Ersehnte bleibt.

POESIEFESTIVAL IN DUBAI

Hier gibt es keinen Wein
nur Weißmilch und Rotmilch
und
es gibt keine alten Dichter
nur verschiedene Generationen
junger Dichter

Aber was es hier gibt
es gibt herzöffnende Frauen hier
aus Alexandria und Beirut
geschmeidig und klein und weich
und warm, hennafarbne Lämmlein
auf die du dich stürzt
wie die Eselsbiene auf eine Schale Honig

Wo ist das andere Leben
die tagdunklen Gassen
die Kaffeehäuser der Fischer
wo wickeln sie die sauren Fischlein
aus dreckigem Zeitungspapier
wo schleift der Wind das Meer
wo die Fülle und wo der Hunger

Vor dem Schlaf ein Gang am Creek
ich kaufe Nachtwasser für mein Hotel
Warum ist das Bett so verdrossen
es nimmt nur Gewebe auf
die ganze schuppige Last

MANDEL BAUM ROSA MANDEL BAUM SCHWARZ
(Frühling in Aleppo)

Eingekerkert in milchigem Arak,
verflüssigt sich die Zeit.
Fallen deine Blüten, Welt, von diesem
                              Mandelbaum?
Rosa davon ist der Boden.
Kämpfer lagern dort, fressen,
Barbaren. Die Fersen schwarz,
ohne Angst vor Unsterblichkeit.

Später im Kühlraum
die Zehen gespreizt wie Palmwedel,
der Bauch gefüllt mit einem Zentner Eis.
Auch kein tiefster Atem mehr.
Das ist die gute Variante.

Die schlechte:
Der Kopf in die Wolken gesprengt,
der Körper tausend Blütenfetzen,
nicht mehr zusammenzusetzen, schwarz.

Der Trost:
Mumien verlängern nicht das Leben,
sie dehnen ihren Tod.

DIE BESSEREN NÄCHTE

ALLES TAMILEN

Die zahnlosen Sänger sind die besten.
Auf den roten Bakelit ihres Akkordeons
haben sie Fahrradleuchten geklebt.
Beim Riff glimmen sie kurz auf.
Beim Riff zuckt das Goldkettchen
im Inneren des Kragens.

Sie singen vom hintertürigen Geschäft.
War es das Innere meines Mundes
oder das Herz deines Körpers? Oder so.
Sie singen vom Tropfen Blut. *Wir du. Dir du.*
Hinten im Schädel kolossale Arrangements.

Der alte Wirt palavert am Telefon
über Ausländerprobleme der Stadt.
Alle im Lokal sind etwas linkisch,
auch die Sänger. Zum Abschied reichen sie
dir ein Haus. Es ist gläsern, mit blauem Dach.

Darin ein Dornenbusch, oder ist es eine Wolke?
Meine Gegengabe: zwei Löffel, verziert, aus Blech.

DER SCHATTEN DES FOTOGRAFEN

1.

Mit den Königinnen
mag es ein Ende haben
aber nicht mit der Frau

die er vom Straßenrand
mitnimmt die ihm
zwischen die Beine greift

und im Motel
sich auszieht sofort
doch auf Distanz

käme er näher
würde er winzige Haare
sehen an den Nacken geklebt

2.

Wie nimmt er blind
mit Antennen orientiert
am Dunklen das Zimmer wahr?

Bett Tür Liebe Laken
Wände ein Bild
Ihre Figur die dunkle

mit dem Federbusch? Maria
ja Frau weil Titten Frau
des Fotografen Lee Angel

merkwürdig geräumiger Slip
Licht grell senkrecht
grellweiß wie ein Riss

da sind die schlanken
Schultern hoch war ihr Bau
sein Schatten auf ihr in ihr

auf die Fotografie »Marie Friedlander« (1976) von
Lee Friedlander

HIER UNTER DEN LIDERN

die Verführung des Auges,
schau mich an, schau mich an,
Sehnsucht nach Glätte und Tanz!
Versteckst du, Gesicht, eine kaputte Sache?
Schon fahren die Züge aus dem Bahnhof,
fallen Buchstaben im Anzeigekasten und
nennen den nächsten Ort, den du niemals
erreichen wirst. Der Eintritt in die Schönheit,
das war im Kino, nicht hier, und die ewigen
Themen, Liebe und Verfall, werden
an einem Tisch mit Verwechslung
von Vorsilben diskutiert, Anfälle, Abfälle,
die Territorien blinder Männer, so in Trance,
dass sie die Wirrnis nicht fühlen und
bereit sind, sich aus sich zu lösen.

ALLES BIETET SICH DAR
Elf sehr kurze Gedichte

1.

Für eine Zeit haben wir die Zeit zerdrückt.
Doch dein Herz ist ein Hotel.
Am Ende der Geschichte wissen wir
auswendig seine Telefonnummern.

2.

Verzeih, dass ich nicht kam.
Wir waren Gewitter gucken.
Es sind die besseren Nächte.

3.

Wir vögeln im Getreide.
Das Licht dichtet aus,
was nicht fugenlos passt.

4.

Hast du von der japanischen Dattel gekostet?
Den Pelz auf den Pfirsichen gestreichelt?
Die Zunge um die Sprache gedreht?
Du wüsstest, wie du bist.

5.

Morgen, sagtest du gestern,
überlassen wir nichts dem Bild.
Mir alles, dir alles.

6.

Deine anderen Augen sind doppelt so groß
wie deine Augen, nur runder.
Braun, glitzernd wie Samt,
wenn sie aus dem Badewasser kommen,
einer anderen Erinnerung gleich.

für Pierre Bonnard

7.

Nimm die Schläfen aus der Stirn.
Winkel die Beine zum Himmelseck.
Was war, soll bleiben: Zwanzig Finger,
gefaltet hinter deinem Rücken.

8.

Die Bewinterten, kalt und ungeliebt,
bald warm und geliebt, ein Körper
und ein Körper, die schneller werden,
im weißen Dampf des Lichts.

9.

Wann setzt der Herzschlag wieder ein?
Abgesprengt, wo ist der Atem?
Wo das Gedächtnis der Mündung?

10.

Lang schon keine geschnürten Frauen mehr.
Alles atmet. Atmest du?
Im Garten: Der Vogel, ein Ton.
Alles bietet sich dar.

11.

Seit Tagen sind unsere Augen,
die sehr groß waren, sehr klein.
Es ist die Liebe und ihr Untergang.

ICH WUSSTE NICHT

»Wie lange lebt, letzten Endes, der Mensch?«
Pablo Neruda

Ich trat in die Bibliothek der Herzschläge.
Ich wusste nicht, wem die Herzen gehörten.
Es gab die Schläge, sonst nichts.
Ein Erinnern, falls es das gibt, ohne Person.

»Kleine Seele, schweifende, zärtliche,
Gast und Gefährtin des Körpers,
wohin wirst du nun entschwinden,
zu bleichen, starren und bloßen Orten?«

Hadrian

Anmerkungen

Die kursiven Passagen im Eröffnungsgedicht »Der Katalog von Alexandria« sind Zitate aus dem »Nouveau Dictionnaire des Passagers François-Allemand«. Das Wörterbuch erschien in Johann Friedrich Gieditschens Buchhandlung in Leipzig 1775 und war kurz im Besitz von Péter Nádas.

Seebeck ist ein Dorf von dreihundert Seelen und liegt an einem Ausläufer des Vielitzsees in Brandenburg. Der nächste größere Ort ist Lindow. Ich danke Helga Hegewisch, die mir in den letzten zwölf Jahren immer wieder mit wunderbarer Großzügigkeit ihr Haus überlassen hat, um dort Ruhe zu finden und zu schreiben. Dieser Zyklus ist ihr gewidmet.

Mazan, eine Ortschaft am Fuß des Mont Ventoux, liegt in der Nähe von Carpentras. In dem *mas* von Milos Sovak und Dietlind Antretter gab es immer wieder legendäre Abende, mit Hugo Claus, Veerle De Wit, Cees Nooteboom und Simone Sassen.

Nie in Ghana: Die Ewe sind ein westafrikanischer Stamm, der entlang der Küste im Osten Ghanas und in Togo lebt. Ihre Sprache wird ebenfalls Ewe genannt. Sie schnitzen aus Holz Hilfsgeister, die sie mit dem Wort »Adan« bezeichnen.

Abu Nawas, geboren 757, gestorben 815 in Bagdad, gilt als einer der großen arabischen Dichter und einer der ersten »Libertins« der Weltliteratur. Im Dienst des Kalifen von Bagdad musste er seine Mäzene loben, zugleich liebte er die Tavernen, den Wein, die Knaben und musste mehrfach wegen unbotmäßigen Verhaltens ins Exil gehen.

Biskra ist eine Oasenstadt im östlichen Algerien. Sie war ein wichtiger Knotenpunkt bei der Erschließung der algerischen Sahara. André Gide erwähnt Biskra und die Vergnügungen in den Dünen in seinem Tagebuch. Auch Lord Douglas und Henry de Montherlant besuchten die Oase. In der Umgebung von Biskra machte Béla Bartók im Sommer 1913 Aufnahmen von Volksliedern der dort ansässigen Nomaden. Neben meinem Hotel befand sich 1972 ein Freiluftkino, das – in dieser Umgebung völlig absurd wirkende – österreichische und deutsche Schwarz-Weiß-Filme aus den 1930er- und 1940er-Jahre zeigte.

Inhalt

Die besseren Nächte

MIX
Papier aus verantwor-
tungsvollen Quellen
FSC® C083411

Verlag Kiepenheuer & Witsch, FSC®-N001512

1. Auflage 2016

Umschlaggestaltung: Rudolf Linn, Köln
Umschlagmotiv: © Gerald Adam Hahn
Autorenfoto: © Mathias Bothor/Photoselection
Gesetzt aus der Sabon
Satz: Felder KölnBerlin
Druck und Bindung: CPI books GmbH, Leck
ISBN 978-3-462-04822-3

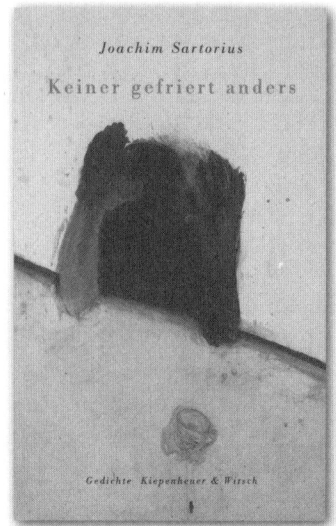

Joachim Sartorius. Hôtel des Étrangers.
Gedichte. Gebunden

Joachim Sartorius. Keiner gefriert anders.
Gedichte. Gebunden

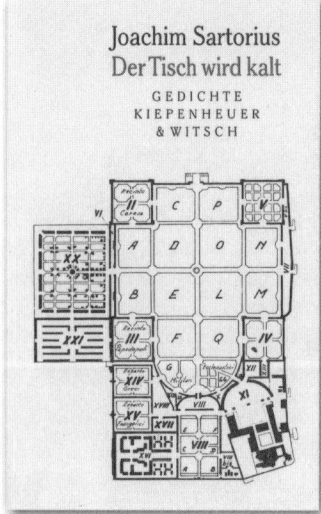

Joachim Sartorius. Der Tisch wird kalt.
Gedichte. Broschur

Joachim Sartorius. Sage ich zu wem.
Gedichte. Broschur

Joachim Sartorius. Niemals eine Atempause.
Handbuch der politischen Poesie im 20. Jahrhundert.
Klappenbroschur. Verfügbar auch als eBook

Ein Geschichtsbuch des 20. Jahrhunderts, zusammenge-
stellt vom Herausgeber des epochalen »Atlas der neuen
Poesie«, verfasst von Lyrikern aus der ganzen Welt. Ver-
gesst nicht den Ersten Weltkrieg, sagen sie uns, die Re-
volutionen, die Internationalen Brigaden im Spanischen
Bürgerkrieg, das Elend von Flucht und Vertreibung, die
Befreiungskämpfe in den Kolonien, die kubanische Revo-
lution – das sagen sie uns in ihrer eigenen unverwechsel-
baren Sprache.

Kiepenheuer
& Witsch

Leseproben und mehr unter www.kiwi-verlag.de